QUESTIONS

SUR LA PEINE DE MORT.

IMPRIMERIE DE A. FIRMIN DIDOT,
RUE JACOB, N° 24.

QUESTIONS

SUR LA PEINE DE MORT,

PAR

LE BARON MASSIAS.

Prix : 1 fr. 50 c.

PARIS,

A LA LIBRAIRIE DE FIRMIN DIDOT FRÈRES,

RUE JACOB, N° 24,

ET CHEZ LES LIBRAIRES DU PALAIS-ROYAL.

1830.

On trouve chez F. Didot les *Questions sur la revolution de 1830*, du même auteur, ainsi que ses ouvrages philosophiques.

QUESTIONS

SUR LA PEINE DE MORT.

Non occides.
Tu ne tueras point.

Ire QUESTION. *La société a-t-elle droit de punir de mort le meurtrier?* Après tout ce que d'illustres philanthropes, du talent le plus distingué, ont écrit sur cette matière, elle n'est pas entièrement éclaircie, et le fonds de la cause est encore à juger. Faut-il s'en étonner? Sur les onze mots dont se compose l'énoncé de la question, il en est deux essentiels qui présentent des sens non parfaitement déterminés, que des esprits divers entendent de diverses manières, et dont par conséquent ils tirent des conclusions divergentes ou opposées. Ouvrez les dictionnaires,

I

vous verrez que DROIT est ce qui est conforme à la justice, et que la JUSTICE est ce qui est conforme au droit; vous verrez que PUNIR est infliger une PEINE à une faute; de sorte que pour savoir ce qu'est le *droit* et *punir*, il faut d'avance connaître ce que signifient ces deux mots; car la justice à laquelle on me renvoie suppose le droit, et la peine a un sens qui se confond avec celui de punir. On ne pourra donc résoudre complètement la question que nous avons posée qu'autant qu'on aura nettement déterminé le sens des deux expressions indécises que nous avons notées dans la position de la question.

On n'a pas encore dit ce qu'est le DROIT; on dispute chaque jour sur le sens qu'on doit y attacher. Et comment, avant d'être convenu de ce qu'il signifie, établir raisonnablement des doctrines auxquelles ce terme sert de base, et qui doit en fournir l'explication? Dans notre *Traité de philosophie psycho-physiologique*, nous avons essayé de remonter à l'origine du sens que ce mot renferme, et voici les notions que nous y avons trouvées :

Le droit est la loi naturelle, la disposition divine, qui veut que les besoins conformes à l'ordre soient satisfaits. Nous avons analysé ces notions dans cette formule : DROIT : RAPPORT DES

BESOINS A L'ORDRE (1); l'idée et le sentiment en sont instinctifs en nous, et notre raison et notre conscience y donnent leur assentiment spontané.

D'après ces données, il n'y a droit que là où est besoin, et où la satisfaction de ce besoin est conforme à l'ordre.

Passons au mot PUNIR : punir est faire éprouver à quelqu'un, en conformité de l'ordre, un mal égal à celui qu'il a fait; lui en faire éprouver un plus grand est sévice, vengeance; lui en infliger un moindre est correction partiale.

Il suit rigoureusement de ces principes que la société n'aura le droit de décerner la peine de mort que lorsqu'elle en aura le besoin conforme à l'ordre, et qu'elle ne pourra l'infliger qu'à celui qui aura tué son semblable. Voilà donc, par la simple exposition du sens des mots *droit* et *punir*, la peine de mort strictement restreinte au cas d'homicide. Le point difficile de la question est de savoir quand la société aura *besoin* d'user de son droit.

Il est deux sortes de besoins, les uns physi-

---

(1) *Traité de philosophie psycho-physiologique;* page 186. « Tout *rapport* entre les êtres et leurs besoins est déterminé « par une loi naturelle. »

1.

ques, les autres moraux. Il faut d'abord voir si la peine de mort appliquée à l'assassin importe à la conservation et au bien-être physique de la société. Cette peine y est si peu étrangère, que la vie de l'individu qu'elle atteint menace celle des autres membres du corps social; car un second meurtre coûte moins qu'un premier, et ainsi pour les autres. On nous dira qu'il suffit de soumettre le criminel à une rigoureuse réclusion pour que les citoyens n'en aient plus rien à craindre. Sans nous occuper ici des avantages et des inconvénients de ce moyen, nous répondrons que l'expérience a montré que les précautions les plus exactes, les plus sévères et les plus minutieuses, n'ont pas toujours suffi pour empêcher l'évasion des prisonniers à l'égard de qui on les employait, et à la détention desquels on attachait la plus grande importance : y recourir est aventurer ce pour quoi il n'est permis de donner sans nécessité aucune chance au hasard. Dans le cours d'un siècle ne dût-il s'échapper qu'un seul meurtrier, la société irait contre sa propre sécurité, violerait la justice en sacrifiant le droit à la vie qu'ont tous ses membres, au droit de vivre qu'a perdu celui qui a tué son semblable, et qui, échappé à ses gardiens et non à ses habitudes, poursuivi par ses besoins, n'aurait d'autres moyens d'existence que de commettre de nouveaux meurtres. Violer la justice une seule fois n'en est pas moins violer la justice. La coulpe n'est pas dans le nombre, mais dans l'acte. Juges, magistrats, législateurs, pourrait dire la victime d'une fausse et criminelle indulgence, c'est vous qui m'avez tué par la main de celui à qui vous n'avez pas rétribué le prix de ses actions, vous êtes coupables de ma mort!

Passons au besoin moral qu'a la société de l'application de la peine de mort au cas de meurtre. Voyez cette foule qui accourt, se précipite et se presse. Quel spectacle l'attire? Elle vient être témoin de l'exécution d'un monstre célèbre par un crime épouvantable. Pressé de jouir d'un modique héritage trop tardif au gré de sa cupidité, il a égorgé de ses propres mains son père et sa mère. Le voilà sur l'échafaud; la machine fatale est prête et va tomber de tout son poids. Rendez témoins de son supplice tous les habitants de l'univers : il ne s'en trouvera pas un seul qui murmure contre la sentence, et qui n'en trouve juste l'exécution. Combien serait antipathique la voix d'une philanthropie systématique qui s'élèverait en sa faveur et qui ferait entendre ces paroles : « Cet homme est criminel, « sans doute, mais songez qu'il est homme et.

« créature faible; il est notre semblable; il ne peut
« mal faire, il est désarmé. En se faisant membre
« de la société, il n'a pas entendu lui donner le
« droit de disposer de ses jours qui lui sont pré-
« cieux avant tout; elle a violé la justice en le con-
« damnant à mort; elle commet un meurtre en le
« faisant mourir. Il faut le sauver, nous le tien-
« drons en réclusion; qui sait s'il ne se corri-
« gera pas, et s'il ne deviendra pas un jour hu-
« main, bon citoyen, et peut-être meilleur qu'au-
« cun de nous? » Il a tué son père et sa mère,
s'écriera-t-on de toutes parts, votre discours est
insensé et dénaturé !

J'ai connu une personne qui a long-temps
habité le Canada, et qui m'a raconté y avoir
connu deux sauvages unis d'une étroite amitié.
Un jour étant à la chasse, et ayant trop bu
d'eau-de-vie qu'ils étaient malheureusement par-
venus à se procurer, ils se prirent de querelle
et l'un d'eux tua son compagnon. Revenu de
son ivresse, il ne dit pas une seule parole, il ne
poussa pas un cri; mais retournant sur ses pas
il alla droit à la cabane du père du mort : J'ai
tué ton fils! dit-il; et lui présentant son tom-
wack, s'inclinant et tendant sa nuque décou-
verte, il reçut sans sourciller le coup qui sépara
sa tête de son corps.

Ce que la conscience approuve, la raison ne peut manquer de le sanctionner. Le premier axiome de justice est chez tous les peuples, *œil pour œil, dent pour dent. Celui qui a ôté la vie à son semblable mérite de la perdre.* Aucun raisonnement ne détruira ces sentiments et vérités naturelles, et n'en effacera l'évidence.

Eh quoi! on reconnaît à la société le droit d'envoyer ses enfants à une mort certaine (car il n'y a pas de guerre sans la mort de quelque brave), et on lui contestera celui de décerner la peine de mort au criminel qui a perdu le droit de vivre en ôtant la vie à son semblable, et dont l'existence est un danger et un scandale flagrant pour l'universalité des citoyens?

On répond que les hommes ne s'étant réunis en société que pour conserver leurs biens, dont le plus précieux est la vie, n'ont pu en aliéner le bénéfice au profit de la société. On refuse donc à celle-ci le droit de faire la guerre; et n'est-ce pas d'ailleurs pour conserver la vie de tous que le meurtrier est envoyé à la mort?

On ajoute : L'homme, en entrant en société, n'a pu déléguer à celle-ci ce qui ne lui appartenait pas. La vie appartient à Dieu qui seul en dispose. Eh bien, Dieu a donné le droit de la ravir au meurtrier, en mettant dans la raison et le

cœur de tous les hommes que celui qui tue mérite d'être tué.

On insiste : Vos supplices sont des meurtres
en pure perte ; l'expérience prouve que la mort
n'est pas un frein pour certains criminels endur-
cis. Je l'avoue ; mais dire qu'elle n'épouvante et
n'arrête pas le commun des hommes est contraire
à la vérité. Or, ne produisît-elle cet effet que chez
quelques malfaiteurs, pourquoi s'ôter ce moyen
de répression puisqu'il est légitime ?

On se retranche dans la quatrième et dernière
objection : Lorsqu'un assassin cherche à ôter la
vie à quelqu'un, et que celui-ci, pour se défendre,
cherche de son côté à donner la mort à l'agresseur, ce sont deux droits de vivre mis en opposition, droit supérieur chez le dernier, puisqu'il
est attaqué sans motif. Telle est l'origine du droit
de défense naturelle, seul cas où il soit permis
de tuer son semblable. L'agresseur est-il repoussé
et cesse-t-il d'être dangereux ? il n'est plus permis de le tuer. Appliquez ceci à la société : ELLE
N'A PAS LE DROIT DE TUER CELUI DONT ELLE N'A
RIEN A CRAINDRE. D'abord, nous avons montré
que le meurtrier tenu dans la plus stricte réclusion, est toujours menaçant pour elle, et que
d'un moment à l'autre il peut faire des victimes.
Mais notre réponse la plus péremptoire est celle-ci :

Votre thèse est mal posée; vous supposez égalité de droits entre la société et le meurtrier, tandis qu'elle a les siens dans toute leur intégrité, et que l'autre a perdu ceux qu'il avait. Les lois, pour certains délits, ôtent le titre et la qualité de citoyen; et l'homme couvert du sang de son semblable resterait tel, conserverait la plénitude de ses droits après son crime, et traiterait d'égal à égal avec la société! Le meurtrier, par son fait, a cessé d'être citoyen, il a cessé même d'être homme; et si encore la pitié publique s'abaisse sur lui, et le considère comme n'étant pas tout-à-fait retranché de l'humanité, c'est moins par ce qu'on lui doit que par ce qu'on se doit, et par l'idée qu'il n'est peut-être pas inaccessible au repentir.

La justice, qui n'est qu'une émanation et une application du droit, est la base sur laquelle repose la société, son ame, son principe vital, sa nécessité. Par elle les rois règnent, et les peuples avides d'indépendance et rebelles à l'arbitraire se laissent gouverner. Son image calme et sévère plane sur la tête des bons et des méchants, rassure les premiers, épouvante et contient les seconds. S'éclipse-t-elle un moment? Il y a nuit, deuil, trouble, calamité. On ne pactise point avec elle, et elle ne reconnaît que des coupables ou des innocents. Elle punit sans passion et sans craindre de voir ses jugements réformés. Elle en appelle à la conscience de celui même qu'elle condamne. Elle fait toujours tout ce qu'elle doit, et ELLE SE DOIT, ELLE DOIT A LA SOCIÉTÉ OUTRAGÉE ET COMPROMISE PAR LA MORT D'UN DE SES MEMBRES, L'EXEMPLE D'UNE EXPIATION ÉGALE AU FORFAIT QUI L'EN A PRIVÉE.

Mais il est de droit de pouvoir renoncer à son droit. Des cas peuvent se rencontrer où la société est intéressée à ne point faire usage de celui qu'elle a d'appliquer la peine de mort au meurtre, ce qui donne lieu à une seconde question.

2ᵉ QUESTION : *La société ayant droit d'appliquer la peine de mort au meurtre, est-il expédient qu'elle use toujours de ce droit?* Rappelons-nous que dans la notion de droit entre l'idée primitive de besoin, et que, dans la thèse présente, le besoin, ainsi que nous l'avons vu, est porté jusqu'à la nécessité. Présenter une règle absolue et sans exception, et s'en tenir à la rigueur de ce principe, serait emporter d'assaut la difficulté. L'esprit serait plutôt vaincu et subjugué qu'éclairé. Il vaut donc mieux la résoudre en défaisant avec patience les nœuds qui la compliquent. Pour cela, établissons que la société ne peut être amenée à renoncer à son droit d'appliquer au meurtre la peine de mort, que par utilité, ou clémence et générosité. Nous allons examiner si ces deux motifs réunis, ou un seul de ces motifs, sont de nature à devoir l'y déterminer.

Le motif d'utilité rend préalablement la réclusion indispensable, car on ne peut laisser les citoyens à la merci d'un homme encore teint du sang humain qu'il a versé. Cette réclusion sera-t-elle perpétuelle ou temporaire?

Si la réclusion est perpétuelle, vous vous exposez à excéder le droit. Tel malfaiteur dans tel ou tel cas, peut bien momentanément préférer l'incarcération à vie à la mort. Mais ce qu'on voit se passer dans les bagnes montre qu'un bon nombre de forçats se suicident après de vaines tentatives d'évasion, et qu'ainsi ils jugent que la peine de mort est pour eux plus douce qu'une réclusion sans fin. En laissant la vie à l'assassin vous avez donc dépassé votre but, vous avez commis une violation positive de la justice en aggravant les circonstances de sa mort et en le forçant à se tuer. Lui laisserez-vous le choix du supplice ou d'une réclusion sans terme? Consulterez-vous ses goûts, et suivant qu'il sera disposé, ferez-vous commutation de la peine? Mais la justice n'admet point de tels compromis; en elle il n'y a ni plus ni moins; elle dit oui ou non. Nous faisons de nouveau la réflexion que ce que nous venons de dire ne fût-il applicable qu'à un seul individu dans le cours d'un siècle, la loi serait injuste en s'exposant à appliquer au meurtrier une peine plus grande que son crime.

Mais, direz-vous, la réclusion ne sera que temporaire; elle finira lorsque le coupable sera amendé, lorsqu'un repentir sincère lui aura rendu des sentiments d'homme et de citoyen. Mais si le repentir est douteux, les épreuves devront être prolongées et la réclusion pourra devenir perpétuelle. Vous aurez été chaque jour injuste pour n'avoir osé être franchement juste une fois. Je sais ce que renferme de noble et de spécieux l'idée que le devoir de la société est de respecter et de ménager la vie de tous les citoyens quels qu'ils soient, pour utiliser leurs personnes et leur travail; je sais ce qu'a d'honnête le desir de ramener le coupable à la vertu; mais avant tous ces projets philanthropiques passe la sécurité de l'État et l'observation de la justice.

Abandonnant les motifs d'utilité, vous vous retranchez dans ceux de clémence et de générosité. Dieu, ditez-vous, pardonne au repentir, et une frêle créature qui a besoin de miséricorde prétendra être impitoyablement juste! Dieu pardonne au repentir parce qu'il sonde le fond des cœurs et qu'il voit lorsque le repentir y est véritable. Mais qui se flattera de lire dans l'ame d'un scélérat consommé qui pour recouvrer sa liberté aura eu besoin de faire apprentissage d'hypocrisie? Songez-y; s'il se sert de ces mains dont vous aurez détaché les fers, pour aller égorger votre père, vous aurez été parricide. C'est donc par humanité que la peine de mort doit être maintenue, dans les bornes, il est vrai, les plus étroites possibles. Je conçois que celui qui a versé le sang de son frère puisse sur l'échafaud se repentir de son crime, mais il est douteux que libre et livré à lui-même il puisse persévérer dans une longue carrière de vertu.

J'admets la supposition : je le tiens pour converti, ferme et inébranlable dans ses devoirs d'homme et de citoyen : il n'en est pas moins celui qui a tué son semblable. Son ombre seule épouvante les citoyens. Qui osera s'asseoir à côté de lui? respirer l'air qu'il respire? Les enfants le suivront et le montreront au doigt. Le voilà, dira-t-on, celui qui a tué son frère. Nouveau Caïn, il maudira le jour que lui aura laissé la cruelle pitié de la loi, et il regrettera l'échafaud qui, en expiant son crime, l'aurait soustrait à la vue et à l'approche de ses semblables.

Vous refusez donc à la société, répliquera-t-on, le droit de faire grace. L'examen de cette question trouvera sa place dans l'article suivant.

3ᵉ QUESTION. *Dans quelles limites est restreint le droit de condamnation à mort?* Durant notre séjour sur la terre, tout ce que nous pouvons posséder ou desirer se rattache à la vie; en priver quelqu'un est, généralement parlant, lui infliger le plus grand mal possible, le maximum de la punition. La justice veut donc que cette punition ne soit applicable qu'au meurtre commis dans toute la plénitude de sa noirceur, *sciemment, méchamment* et *volontairement*. Celui qui tombant d'un endroit élevé, qui défendant sa vie, qui dans un accès de délire ou de folie, tue son semblable, est absous par le juge, dont la sentence est confirmée par la raison et la conscience du genre humain. On ne peut pécher sans la connaissance et la volonté du mal qu'on fait.

C'est ici le lieu de parler du droit de faire grace. Je doute qu'il soit applicable au meurtre commis dans toute sa noirceur et toute son intégrité. Absoudre ce qui, sous toutes ses faces, est purement, simplement et absolument mal, est faiblesse ou iniquité. Lorsque le meurtre est accompagné de quelques circonstances atténuantes sur lesquelles n'a osé favorablement se décider l'équité du jury, la royauté use de la plus belle de ses attributions en signalant les droits de la faiblesse humaine, et en faisant entrer la miséricorde dans la justice.

Lorsque les lois cruelles ne s'infirment pas elles-mêmes (1), elles rendent les peuples cruels. Il se commet plus d'assassinats à Rome et à Madrid dans un mois que dans toute la France en une année. La peine de mort réduite à son minimum, et uniquement décernée à la malice consommée du crime, rendra les assassinats extrêmement rares, et portera dans les mœurs la mansuétude de la loi. Le malfaiteur lui-même, sachant que l'homicide seul est puni de la peine

---

(1) *Draconis leges quoniàm videbantur impendio acerbiores, non decreto jussuque, sed tacito illitteratoque Atheniensum, consensu, obliteratæ sunt.* (AULU-GELLE.)

« Comme les lois de Dracon semblaient trop cruelles dans leur application, elles furent abrogées, non par un décret formel, mais par le consentement tacité et non écrit des Athéniens. »

capitale, touché peut-être de la réserve bienveil-
lante de la loi, s'abstiendra de prendre l'unique
voie qui puisse le conduire à la mort. C'est à
l'amélioration de cette partie de la législation
que doivent borner leurs vœux et leurs efforts
les philanthropes qui respectent et qui veulent
qu'on respecte et qu'on ménage la vie des hommes. Je pense avec eux qu'une sage organisation
des prisons, un heureux système d'habitudes,
de travaux et de réclusion appliqués aux délits
inférieurs, parmi lesquels je comprends le vol
même avec effraction et le faux monnayage,
peuvent rendre d'immenses services à la civilisation et à l'humanité.

La loi détournera-t-elle aussi la mort de la
tête de l'incendiaire qui, faisant partie d'une
bande d'atroces malfaiteurs, a porté la désola-
tion dans toute une contrée? Si l'on était tenté
d'user de quelque indulgence à l'égard de celui
qui a mis le feu à une grange de peu de valeur,
pourrait-on l'être pour le scélérat qui a brûlé
un village ou une grande cité? Dans cet épouvantable délit est, sinon meurtre direct, au
moins certitude presque entière que plusieurs
personnes périront ou de frayeur ou dans les
flammes. Le crime est moins dans le fait consommé, ou dans le fait dont l'exécution a été

commencée et avancée, que dans la volonté de celui qui en est l'auteur. Or, on ne peut douter de la volonté de celui qui s'en rend coupable en sachant que, d'après d'innombrables probabilités, les conséquences en seront la mort du prochain. Le jury appréciera la gravité des circonstances, et il en est de telles que la raison et la conscience du genre humain sanctionnent le verdict qui enverra l'incendiaire à l'échafaud.

Le sacrilége pour quelques-uns est pire que l'incendiaire. L'acte du sacrilége n'est cependant directement ni indirectement vie ôtée au prochain. Mais, dit-on, il y a vol de choses saintes, mépris pour ce que la société révère le plus, outrage dirigé contre la Divinité. Punissez le vol comme vol, il vous est loisible; effacez la profanation qui a eu lieu par un redoublement de zèle et de foi religieuse; laissez la Divinité, que ce crime regarde plus spécialement, en mesurer l'intensité, et, si la peine appliquée est trop légère, y joindre le complément qu'elle jugera nécessaire. En voulant la venger ne l'outragez pas, si cependant ce n'est pas un blasphème que de dire qu'une créature aussi chétive qu'est l'homme peut outrager Dieu. Je propose un mode d'expiation pour ces grands attentats : toutes les fois qu'un sacrilége aura été commis, que le gouvernement crée un nouvel établissement qui donne du travail à ceux qui en manquent, et d'instruction pour le peuple, ou qu'il fasse quelque amélioration aux établissements analogues déja existants, et qu'il étende ainsi l'empire de la morale sur les classes inférieures, et celui des croyances religieuses pures de fanatisme et de superstition.

Dans tout état de cause je suis convaincu que la multiplicité des condamnations à mort est beaucoup plus injuste et plus dangereuse que leur abolition totale : leur application à la dernière extrémité est le moyen de concilier la clémence et la justice.

La justice qui cherche à donner plus que la mort est celle des sauvages et des barbares. Le cannibale qui tue son ennemi et le dévore, est plus humain que celui qui prolonge et multiplie la mort de son prisonnier dans une infinité de souffrances recherchées. Plus les peuples seront civilisés, plus ils auront horreur de ces raffinements de cruauté; ils finiront même par éloigner de leurs yeux le spectacle de la mort des criminels (1), qui sera constatée par des magistrats

---

(1) Ce spectacle n'est pas sans danger; il rend le peuple cruel, en l'accoutumant à la vue du sang. Quelquefois même,

préposés à cet effet. Dans le coupable reste toujours l'homme; et quel passe-temps, grand Dieu! que celui de voir tuer un homme! La honte même et l'opprobre pour certaines classes de la société, peuvent être plus cruels que la mort; ils sont par conséquent interdits à la justice. Un journal, en recommandant les ministres du 8 août à cette miséricorde dont un peuple bon et éclairé a usé envers les vaincus, et en les tenant quittes de la peine capitale, les envoie du pilori aux travaux forcés à perpétuité. J'ai frissonné à la proposition de cet acte d'horrible clémence!

4ᵉ QUESTION : *La peine de mort doit-elle être appliquée aux délits politiques?* Cette question est beaucoup plus compliquée qu'elle ne le semble d'abord ; car si on donne au mot *politique* (1) l'extension qu'il a, tous les délits seront politiques, car tous ils troublent le repos et la sécurité de la cité, en blessant et outrageant dans leur bien et dans leurs personnes les individus qui composent les familles, et les familles dont se compose la société. Tels sont le vol, les sé-

---

par une sympathie automatique, il peut exciter la monomanie du meurtre, ainsi qu'on en a des exemples.

(1) Πόλις, ville, cité.

2.

vices, le rapt, dont les effets ne sont jamais uniquement confinés à l'individu sur qui ils s'exercent. Ainsi, plus un crime afflige gravement un plus grand nombre de citoyens, plus, dans son acception étymologique, il est politique. Cette signification, la plus étendue qu'on puisse lui donner, nous mènera à la signification spéciale qu'il doit avoir en législation.

Puisque les délits politiques sont tels en raison de la gravité et de l'étendue de leurs effets, ils ne sont jamais plus eux-mêmes, ils ne sont jamais mieux caractérisés que lorsqu'ils tendent au renversement du gouvernement établi auquel sont liées toutes les existences, toutes les fortunes, toutes les positions et toutes les conditions sociales. Définissons donc le délit politique : TENTATIVE POUR RENVERSER LE GOUVERNEMENT ÉTABLI.

Mais le gouvernement n'est pas une chose abstraite, simple et absolue; il se compose de plusieurs pouvoirs eux-mêmes soumis à des subdivisions, et en outre, d'institutions et de lois constitutives qui, si on osait le dire, gouvernent le gouvernement. De sorte que la tentative de renverser le pouvoir, les institutions et les lois fondamentales est le maximum des délits politiques.

Mais la tentative peut être plus ou moins active, plus ou moins complète, et le délit, par conséquent, plus ou moins punissable.

Plus longue a été la durée du gouvernement établi, plus doit être préjugée la bonté et la justice de ses lois et de ses institutions, et plus, par conséquent, le délit politique qui tend à le renverser a de noirceur et de culpabilité. Ce point de vue nous fournira tout à l'heure une considération essentielle.

On voit donc que dans les délits politiques il y a une foule de degrés de criminalité (1), et qu'on ne doit point punir l'offense faite à un garde-champêtre, la satire contre une institution, les efforts d'un parti vaincu qui cherche à prendre la place du parti vainqueur encore chancelant, comme on punit le complot à main armée contre le Roi, la Chambre, et contre un État qui depuis huit cents ans est le même quoique sous des

---

(1) On a donné le nom de *délits* aux méfaits politiques, parce qu'on a senti qu'ils ont rarement la malice et la noirceur du crime, et que même quelquefois ils peuvent être occasionés par le sentiment exagéré et mal entendu du bien public. Aussi ils n'en déshonorent pas les auteurs. *Délit* est simple manquement, d'après l'étymologie; *crime* répond à *facinus*, action méchante méchamment commise. Le délit est dirigé contre les lois, le crime contre l'humanité.

formes diverses (1). Il saute aux yeux que, même en admettant pour certains cas la légitimité de la peine de mort, il y aurait iniquité à l'appliquer indistinctement à tous ceux que nous venons de mentionner.

Nous avons établi que celui-là seul qui a tué mérite d'être tué. Tout ce qui se passe en discours, en délits de la presse, en conciliabules, en murmures, en coalitions, en rassemblements paisibles ou tumultueux, mais sans effusion de sang, ne peut justement donner lieu à la peine de mort.

Je ne la crois pas non plus applicable aux actes sanglants qui accompagnent et suivent les guerres civiles, et qui se passent à une époque voisine de celle où un gouvernement ne fait que de s'établir. On peut être honnête homme, bon citoyen relativement à son parti, et faire la guerre civile. Lorsqu'il y a espérance de renverser un

---

(1) Je considère le règne de Louis-Philippe Ier non comme un fait à part et tranché dans notre histoire, mais comme une évolution et un perfectionnement des règnes précédents. Ne séparons pas le présent du passé, pas plus que nous ne voudrions qu'on le séparât de l'avenir. Reculons et prolongeons notre existence dans l'un et dans l'autre, et soyons Français autant que possible.

gouvernement mal affermi et qu'on regarde comme usurpateur, on peut aventurer sa vie sans pour cela être criminel dans le for intérieur. La conscience seule de chacun décide de la légitimité de ses actes dans ces occasions difficiles, équivoques, et où le droit est, pour ainsi dire, en équilibre. Quand la victoire a décidé de la querelle, le vainqueur, lorsqu'il est sage et qu'il comprend ses intérêts, couvre le passé du voile de l'amnistie; il est clément parce qu'il sent qu'il n'a tenu qu'aux événements de le rendre lui-même un objet de clémence. Les esprits raisonnables, les cœurs généreux le remercient et applaudissent.

Mais lorsqu'un pays jouit d'une longue tranquillité, qu'on ne s'y plaint que de rares et légères vexations, et, qu'à tout prendre, on y jouit d'une liberté et d'un bien-être suffisants quoique susceptibles d'amélioration, qui dira que celui qui cherche à renverser un tel état de choses, qui à découvert ou se tenant à l'écart souffle le feu de la discorde, arme, fait battre les citoyens, répand et fait répandre leur sang; qui dira que cet homme n'est pas plus coupable que le malfaiteur qui, pressé par la cupidité et le besoin de satisfaire ses passions, tire du coin d'un bois un coup de fusil au voyageur, et à qui la loi réserve la peine capitale? Je laisse à la raison et à la conscience du lecteur à donner la réponse.

Quoi qu'il en soit, ceux qui prétendent que dans aucun cas la peine de mort n'est applicable aux délits politiques, préjugent que les ministres, quelle que soit leur culpabilité, ne sont jamais passibles de la peine capitale, puisque la nature des actes ministériels est essentiellement politique.

5ᵉ QUESTION : *Les ex-ministres coupables des ordonnances du 25 juillet, sont-ils passibles de la peine de mort?* Si mon cœur et ma raison répondaient affirmativement, je frémirais de rompre le silence, et de prendre sans nécessité l'initiative d'une condamnation capitale; je m'en rapporterais à la sagesse des juges en déplorant la rigueur de leur ministère. Mais j'entrevois que dans ces circonstances solennelles une porte est ouverte à la clémence, et je me livre avec joie aux idées philanthropiques de mon siècle en publiant mes propres opinions.

Le droit le plus direct, le plus incontestable, le plus incontesté, est bien certainement celui de défense personnelle, et de repousser la force par la force. Que je frappe celui qui me frappe, que je plonge un fer dans le sein de celui qui va m'égorger, personne n'y trouve à redire et ne crie à l'injustice. Mais si le danger n'est pas tout-à-fait imminent, si la défense peut être remise, la société ne permet pas que l'offensé se donne à lui-même satisfaction ; elle se réserve de statuer sur la nature et la gravité de la faute, et d'y appliquer la punition déterminée d'avance par la loi, toujours calme, toujours désintéressée. En se conduisant ainsi, elle a considéré que si les citoyens se constituaient juges dans leur propre cause, s'ils étaient eux-mêmes chargés de donner satisfaction à leurs ressentiments, la peine excéderait toujours l'offense, les passions étant nécessairement portées à grossir et aggraver les torts de ceux dont nous avons à nous plaindre.

La précaution que la société prend contre l'irritation des citoyens blessés et outragés par un méfait, elle la prend et l'adopte à l'égard d'elle-même. Elle se constitue esclave de la loi par laquelle elle punit ; elle ne veut pas s'exposer à condamner *ab irato ;* elle ne tue pas même le meurtrier pris en flagrant délit, lorsqu'elle peut le saisir vivant ; elle le réserve à la loi qui est là pour en faire un exemple et lui rétribuer le prix de son action.

Figurons-nous maintenant les ex-ministres en présence de l'auguste tribunal devant qui la

Charte les traduit ; supposons qu'il n'ait aucun égard à l'ascendant qu'ont dû avoir sur des hommes ineptes et aveuglés par leur fortune, le prestige de la royauté, et l'inouie opiniâtreté d'un roi vaincu par les prêtres ; qu'il ne tienne aucun compte de ce qu'ils croyaient devoir au parti et au système auquel ils s'étaient dévoués ; qu'il désapprouve leur fidélité à conserver le dépôt et l'héritage de contre-révolution qui leur avait été confié et légué ; supposons, enfin, que les pairs à l'unanimité les jugent, en leur ame et conscience, auteurs des sinistres ordonnances, coupables d'avoir donné l'ordre de faire feu sur des citoyens désarmés, dignes, en un mot, de la dernière peine : leur sera-t-il permis de la prononcer ? D'après quelle loi, sur quel texte formuleront-ils leur sentence ? Ils appliqueront, dira-t-on, la peine que le Code civil inflige aux crimes analogues. Fort bien ; mais vous parlez de Code civil tandis qu'il s'agit de Code politique. Il ne faut point des à-peu-près dans l'application de la justice. Les accusés sont devant le tribunal, non comme citoyens, mais comme ministres ; c'est comme ministres qu'ils doivent y être jugés. La Charte dit bien que les ministres sont responsables, mais elle dit aussi qu'il sera fait une loi pour régler le mode de cette responsabilité. La loi n'existant pas, quel tribunal oserait s'y substituer, se faire loi, en usurper le nom et le droit, et prononcer en son lieu et place? Chacun reculera devant une aussi redoutable usurpation, et il s'ensuivra une absolution négative. Législateurs, votre devoir est de remplir cette lacune importante de notre législation; hâtez-vous, faites une loi (à laquelle, néanmoins, il est interdit de donner un effet rétroactif), et que toujours suspendue sur la tête des ministres, elle y tombe désormais, lorsque, comme ceux-ci, ils auront trahi la patrie.

A l'appui de ces raisons et de ces hautes convenances se présente une considération toute puissante dans l'occasion présente. Elle ne sera pas, j'en suis sûr, démentie par le cœur de ce peuple généreux, qui sans armes et inoffensif, attaqué et mitraillé par une troupe égarée ou liée par la discipline et la volonté de quelques chefs, honora et agrandit la victoire en pardonnant aux vaincus. Nous ne nions pas l'inflexibilité de la justice, à qui aucun délit ne doit échapper; mais nous avouons aussi la part due à la faiblesse humaine, et l'empire de certaines circonstances qui ne permettent pas toujours ce que pourtant il serait licite de faire. On ne blesse pas alors, on laisse seulement sommeiller la justice; on ne la renie pas, on se contente de ne pas l'interroger. Dans ces graves et douloureuses occasions les Spartiates jetaient un voile sur la statue de la loi. Sommes-nous à une de ces époques de douleur, de silence et d'exigence impérieuse (1)? Jamais il n'en fut, jamais il n'en sera pour la France une plus puissante et plus solennelle que celle d'une révolution qui a duré quarante ans, et qui n'a fini qu'aveo la dynastie sous laquelle elle a germé et s'est développée. La constituante fut un météore brillant qui répandit les principes de la civilisation universelle; la convention les trempa dans des flots de sang; l'empire les noya dans des torrents de gloire militaire acquise au prix de la vie de deux millions de soldats; la restauration les mutila par des persécutions et des meurtres hypocrites. C'est assez de sang!.... La révolution de juillet n'en veut pas!.... Continuons à être ce que nous avons été lorsque nous l'avons faite, bons et généreux sans faiblesse. Disons :

---

(1) La justice absolue ne se trouve qu'en Dieu. Celle qui régit les sociétés, et qui tire son origine de la première, n'est que relative; elle s'accommode aux besoins divers des peuples, sous la condition néanmoins de ne jamais se mettre en opposition directe avec les principes éternels. La justice absolue se saisit du coupable qu'a abandonné la justice relative *Mihi vindicta ; ego retribuam.*

.Les ministres sont coupables, mais ils ne sont pas condamnables, faute de loi. Ils sont coupables, nous leur faisons grace; nous les mettons entre les mains du Gouvernement pour qu'il en délivre la France en les faisant transporter pardelà nos frontières, et que le drame de 89 à 1830 finisse par ce grand acte de clémence nationale. L'humanité applaudira, et l'Europe nous en saura gré!

FIN.

TABLE DES MATIÈRES.